Paolo Leon Vacilotto

AJAX - Eine Einführung mit einem Praxisbeispiel

GRIN Verlag

Bibliografische Information der Deutschen Nationalbibliothek:

Die Deutsche Bibliothek verzeichnet diese Publikation in der Deutschen National-
bibliografie; detaillierte bibliografische Daten sind im Internet über http://dnb.d-
nb.de/ abrufbar.

Dieses Werk sowie alle darin enthaltenen einzelnen Beiträge und Abbildungen
sind urheberrechtlich geschützt. Jede Verwertung, die nicht ausdrücklich vom
Urheberrechtsschutz zugelassen ist, bedarf der vorherigen Zustimmung des Verla-
ges. Das gilt insbesondere für Vervielfältigungen, Bearbeitungen, Übersetzungen,
Mikroverfilmungen, Auswertungen durch Datenbanken und für die Einspeicherung
und Verarbeitung in elektronische Systeme. Alle Rechte, auch die des auszugsweisen
Nachdrucks, der fotomechanischen Wiedergabe (einschließlich Mikrokopie) sowie
der Auswertung durch Datenbanken oder ähnliche Einrichtungen, vorbehalten.

Impressum:

Copyright © 2006 GRIN Verlag GmbH
Druck und Bindung: Books on Demand GmbH, Norderstedt Germany
ISBN: 978-3-638-75223-7

Dieses Buch bei GRIN:

http://www.grin.com/de/e-book/56345/ajax-eine-einfuehrung-mit-einem-praxisbei-
spiel

GRIN - Your knowledge has value

Der GRIN Verlag publiziert seit 1998 wissenschaftliche Arbeiten von Studenten, Hochschullehrern und anderen Akademikern als eBook und gedrucktes Buch. Die Verlagswebsite www.grin.com ist die ideale Plattform zur Veröffentlichung von Hausarbeiten, Abschlussarbeiten, wissenschaftlichen Aufsätzen, Dissertationen und Fachbüchern.

Besuchen Sie uns im Internet:

http://www.grin.com/

http://www.facebook.com/grincom

http://www.twitter.com/grin_com

Fachhochschule für Ökonomie & Management

Essen

Studiengang
Diplom Informatik
WS 2005/2006

Hausarbeit zum Thema

AJAX –
Eine Einführung mit einem
Praxisbeispiel

Düsseldorf, 15.02.2006

Inhaltsverzeichnis

Abkürzungsverzeichnis

AJAX	Asynchronous JavaScript and XML
DHTML	Dynamic Hypertext Markup Language
f.	folgende
HTML	Hypertext Markup Language
o. A.	ohne Angabe
o. V.	ohne Verfasser
S.	Seite
URL	Uniform Resource Locator
Vgl.	Vergleiche
XML	Extensible Markup Language

Abbildungsverzeichnis

Tabellenverzeichnis

1. Einleitung

Mit der steigenden kommerziellen Nutzung des Internets sind auch die Anforderungen der Benutzer an die zur Verfügung gestellten Webanwendungen gestiegen. Der Wunsch nach desktopähnlichen Programmen, die eine hohe Benutzerfreundlichkeit und geringe Ladezeiten bieten, ist größer den je. Professionelle Webauftritte wie zum Beispiel Google Suggest, Google Maps oder Flickr zeigen, dass man mit dem heutigen Stand der Technik diesem Wunsch gerecht werden kann.

In diesem Zusammenhang tauchen die Begriffe Web 2.0 und AJAX in den Medien immer häufiger auf. Web 2.0 bezeichnet die neue Art des Applikationsdesigns zur Erstellung interaktiver Webanwendungen und AJAX dient als Sammelbegriff für die dafür verwendeten Technologien und Standards.

Im Folgenden wird die Verwendung von AJAX erläutert. Das erste Kapitel beschäftigt sich mit der Begriffsbestimmung und den Grundlagen zur Entwicklung einer interaktiven Webapplikation. Danach folgt ein Überblick über bereits existierende Frameworks, die den Programmierer in seiner Tätigkeit unterstützen können. In Kapitel vier wird die Umsetzung der Theorie anhand eines Anwendungsbeispiels verdeutlicht. Abschließend werden die gesammelten Erkenntnisse in einem Fazit zusammengefasst.

2. Grundlagen

2.1 Begriffsbestimmung

Der Begriff AJAX steht für Asynchronous JavaScript and XML.[1] Bekannt und populär wurde dieser Begriff durch Jesse James Garret.[2] Dieser verwendete ihn in seinem Aufsatz *AJAX: A New Approach to Web Applications*.[3]

Genauer betrachtet, beschränkt sich AJAX aber nicht nur auf diese beiden Technologien, es umfasst zudem weitere Programmiersprachen und Standards.[4] Dazu gehören zum Beispiel XHTML, Cascading Stylesheets und das Document Object Modell.[5] Es handelt sich somit nicht um eine Neuentwicklung, sondern nur um einen neuen Namen für bereits vorhandene und etablierte Technologien.

2.2 Funktionsweise

Klassische Webanwendungen bauen auf dem Prinzip auf, dass ein Benutzer über seinen Webbrowser eine Anfrage an einen Webserver schickt und auf dessen Antwort wartet.[6] Eine Anfrage wäre zum Beispiel die Anforderung einer Webseite. Nach einer gewissen Wartezeit bekommt der Benutzer die Rückmeldung des Webservers in Form einer Fehlermeldung oder der gewünschten Webseite.[7] Die Wartezeit setzt sich aus der Bearbeitungszeit der Anfrage durch den Webserver und der Ladezeit, die abhängig von der zur Verfügung stehenden Bandbreite ist, zusammen. Der Arbeitsfluss des Benutzers gerät bei zu langen Wartezeiten oder zu komplexen Aufgaben unter Umständen ins stocken.

---

[1] Vgl. Garret (2005).

[2] Vgl. o. V. (2006).

[3] Vgl. o. V. (2006).

[4] Vgl. Garret (2005).

[5] Vgl. McLaughlin (2005).

[6] Vgl. o. V. (2006).

[7] Vgl. o. V. (2006).

AJAX-Anwendungen dagegen versuchen mit einer zusätzlichen Applikationsschicht, einer so genannten AJAX-Engine, den Schwächen von klassischen Webapplikationen entgegenzuwirken.[8] Diese in JavaScript programmierte Schicht wird beim Aufruf einer Webseite vom Browser des Benutzers geladen.[9] Benutzeraktionen können direkt clientseitig bearbeitet werden ohne dass jedes Mal eine neue Anfrage an den Webserver stattfinden und eine neue Seite geladen werden muss. So kann zum Beispiel eine Benutzereingabe in einem Formular direkt von der Engine geprüft und gegebenenfalls eine Fehlermeldung ausgegeben werden. Danach kann im Hintergrund eine Verbindung aufgebaut werden, die die Eingabe in einer Datenbank speichert, während gleichzeitig der Benutzer weitere Eingaben tätigt. Der Vorteil der hierdurch entsteht ist, dass nur noch die benötigten Daten zur Aktualisierung der Webseite nachgeladen werden und so die Serverlast reduziert wird. [10]

Die folgende Abbildung zeigt die beiden unterschiedlichen Ansätze der Webentwicklung. Auf der linken Seite wird das klassische Prinzip dargestellt. Der Benutzer kann über die Benutzerschnittstelle, typischerweise ein Formular, in seinem Browser eine Aktion starten. Darauf hin wird eine Anfrage an den Webserver geschickt und auf dessen Antwort gewartet. Als Antwort erhält der Browser des Benutzers eine HTML-Seite.

Auf der rechten Seite der Abbildung wird die AJAX-Architektur verdeutlicht. Der Benutzer kann wie im klassischen Modell eine Aktion durchführen. Die AJAX-Engine reagiert auf diese Aktion, schickt gegebenenfalls eine Anfrage an den Webserver und verarbeitet dessen Antwort. Der Vorteil dieser Architektur liegt hierbei bei der Verarbeitung der Benutzeraktion. Diese erfolgt im Hintergrund, so dass der Anwender weiterhin neue Aktionen ausführen kann und sein Arbeitsfluss nicht durch Ladezeiten gestört wird.

---

[8] Vgl. Garret (2005).

[9] Vgl. Garret (2005).

[10] Vgl. o. V. (2006).

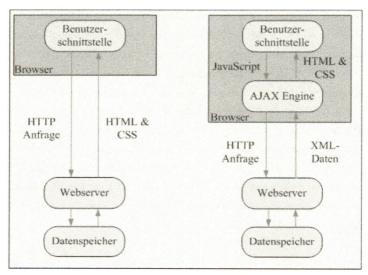

Abbildung 1: Vergleich klassisches Prinzip und AJAX-Prinzip
Quelle: In Anlehnung an o. V. (2006).

2.3 Das XMLHttpRequest-Objekt

Herzstück der im Hintergrund ablaufenden Kommunikation zwischen Browser und Webserver ist das JavaScript XMLHttpRequest-Objekt.[11] Es ermöglicht ein asynchrones Bearbeiten von Benutzeraktionen, dass heißt während eine Benutzeraktion verarbeitet und eine Anfrage an den Webserver gestartet wird, kann der Anwender ungestört weiterarbeiten und muss nicht auf ein Neuladen der Seite warten.[12]

Bevor eine Transaktion mit dem Webserver erfolgen kann, muss ein Objekt des der Klasse XMLHttpRequest erzeugt werden.[13] Dabei ist zu beachten, dass die am Markt erhältlichen Internetbrowser unterschiedliche Varianten verwenden.[14] Der folgende JavaScript-Quellcode zeigt eine Möglichkeit dieses Problem zu umgehen beziehungsweise zu lösen.

---

[11] Vgl. Bergmann / Bormann (2005), S. 84.

[12] Vgl. Bergmann / Bormann (2005), S. 85.

[13] Vgl. Bergmann / Bormann (2005), S. 85.

[14] Vgl. Bergmann / Bormann (2005), S. 87.

```
var xmlHttp = false;
try {
     xmlHttp = new ActiveXObject('Msxml2.XMLHTTP');
} catch (e) {
     try {
          xmlHttp = new ActiveXObject('Microoft.XMLHTTP');
     } catch (e) {
          xmlHttp = false;
     }
}
if (!xmlHttp && typeof XMLHttpRequest != 'undefined') {
     xmlHttp = new XMLHttpRequest();
}
```

Zuerst wird die Variable xmlHttp für die spätere Referenzierung auf das Objekt deklariert. Danach wird in einem try-and-catch-Block versucht eine der beiden in Microsoft Browsern enthaltenen Varianten des XMLHttpRequest-Objektes zu erzeugen.[15] Der Fall das beide Versuche fehlgeschlagen sind und die Variable xmlHttp immer noch den Wert false trägt, wird mit einer if-Abfrage abgefangen und die Nicht-Microsoft-Variante des Objektes erzeugt.[16]

Für die Initialisierung einer Transaktion mit einem Webserver wird die Methode open() aufgerufen. Hierfür können bis zu fünf Parameter verwendet werden.[17] Der erste Parameter gibt an in welchem Modus die Übertragung stattfinden soll.[18] Es kann unter anderem zwischen den Werten GET und POST gewählt werden. Der zweite Parameter gibt die zu öffnende Datei an. Mit dem dritten Parameter wird festgelegt, ob die Transaktion synchron oder asynchron erfolgen soll.[19] Standardmäßig ist dieser mit dem Wert true, also asynchron, vorbelegt.[20] Wählt man synchron, dann muss der Benutzer solange mit einer weiteren Aktion warten, bis die Anfrage vollständig

---

[15] Vgl. McLaughlin (2005).
[16] Vgl. Bergmann / Bormann (2005), S. 88.
[17] Vgl. McLaughlin (2006).
[18] Vgl. McLaughlin (2006).
[19] Vgl. McLaughlin (2006).
[20] Vgl. McLaughlin (2006).

durchgeführt und bearbeitet wurde.[21] Der vierte und fünfte Parameter, username und password, können für eine Authentifizierung an dem Webserver verwendet werden.[22]

```
xmlHttp.open('GET', 'get_city.php?zipcode=' + zipcode, true);
xmlHttp.onreadystatechange = updateCity;
xmlHttp.send(null);
```

Der Quellcode zeigt eine Anfrage an den Webserver, bei der eine Stadt zu einer von dem Benutzer in einem Formular eingetragenen Postleitzahl erfragt wird. Die Postleitzahl wird an den Dateinamen in der Methode open() wie bei einer gewöhnlichen URL angehängt. Für die Verarbeitung der Transaktion wird dem Objekt eine Funktion übergeben.[23] Dies geschieht mit onreadystatechange.[24] Diese Methode wird bei jeder Statusänderung der Transaktion aufgerufen.[25] Mit der Methode send() wird die Anfrage gestartet.

Damit eine Verarbeitung der erfragten Daten erst nach Beendigung der Transaktion stattfindet, kann mit readyState der aktuelle Status abgefragt werden.[26] Die folgende Tabelle zeigt die möglichen Werte des Transaktionsstatus.

Tabelle 1: Statuswerte einer Anfrage

Quelle: In Anlehnung an Bergmann / Bormann (2005), S. 87.

Wert	Bezeichnung	Bedeutung
0	UNINITALIZED	Das Objekt wurde noch nicht initialisiert.
1	LOADING	Das Objekt wurde initialisiert.
2	LOADED	Die Anfrage wurde gesendet.
3	INTERACTIVE	Das Ergebnis der Anfrage ist verfügbar.
4	COMPLETED	Die Transaktion ist beendet.

---

[21] Vgl. McLaughlin (2006).
[22] Vgl. McLaughlin (2006).
[23] Vgl. Bergmann / Bormann (2005), S. 86.
[24] Vgl. McLaughlin (2005).
[25] Vgl. Bergmann / Bormann (2005), S. 86.
[26] Vgl. Bergmann / Bormann (2005), S. 86.

Mit einer if-Abfrage kann der Status der Transaktion wie in dem folgendem Quellcode geprüft werden. Des Weiteren sollte auch der HTTP-Status geprüft werden. Man kann über das Attribut `status` des XMLHttpRequest-Objektes auf den Wert zugreifen.[27]

```
function updateCity() {
        if(xmlHttp.readyState == 4) {
                if(xmlHttp.status == 200) {
                        var response = xmlHttp.responseText;
                        /* do something */
                }
        }
}
```

Der HTTP-Status gibt an, ob eine Anfrage erfolgreich war oder ob ein Fehler aufgetreten ist.[28] Eine Verarbeitung des Ergebnisses sollte nur bei einem Statuswert von 200 stattfinden. Die folgende Tabelle zeigt die möglichen Statuswerte. Der Statuswert ist dreistellig, wobei jedoch nur die erste Stelle von Bedeutung ist.[29]

Tabelle 2: Mögliche HTTP-Statuswerte
Quelle: Vgl. Bergmann / Bormann (2005), S. 93.

Wert	Bedeutung
1xx	Vorläufige Antwort. Transaktion ist noch nicht beendet.
2xx	Die Anfrage wurde erfolgreich bearbeitet.
3xx	Die erforderliche Ressource ist unter einem anderen Ort verfügbar.
4xx	Die Transaktion ist fehlerhaft und wurde nicht bearbeitet.
5xx	Bei der Verarbeitung der Transaktion ist ein Fehler aufgetreten.

Sind beide Attribute mit dem erforderlichen Statuswerten versehen, dann kann der Quellcode im Inneren der if-Abfrage abgearbeitet werden. Mit `responseText` wird auf den Rückgabewert der Anfrage an den Webserver zugegriffen.[30]

---

[27] Vgl. McLaughlin (2006).

[28] Vgl. Bergmann / Bormann (2005), S. 93.

[29] Vgl. Bergmann / Bormann (2005), S. 92.

[30] Vgl. McLaughlin (2006).

2.4   Vor- und Nachteile von AJAX

Wie bereits in den vorherigen Kapiteln beschrieben, besteht der größte Vorteil bei der Implementierung von AJAX-Webanwendungen in der Tatsache, dass Inhalte einer Webseite neu geladen werden können, ohne das diese komplett neu vom Webserver generiert und übertragen werden muss.[31] Redundante Daten werden somit nicht mehrfach an den Webbrowser des Benutzers gesendet.[32]

Ein weiterer Vorteil ist die Browserunabhängigkeit, da JavaScript von jedem Browser unterstützt wird.[33] Hieraus folgt der erste Nachteil. Die JavaScript-Unterstützung darf nicht durch den Benutzer deaktiviert worden sein, da sonst die Webanwendung nicht einwandfrei funktioniert.[34]

Des Weiteren wird durch die dynamische Aktualisierung der Inhalte die Funktionalität des Zurück-Buttons des Browsers eingeschränkt.[35] So kann es zu dem Fall kommen, dass durch die Betätigung des Buttons nach einer Benutzeraktion nicht der vorherige Zustand wiederhergestellt werden kann.[36] Die liegt daran, dass Internet-Browser nur statische Seiten in ihren Cache speichern.[37] Aus diesem Grund ist es auch schwierig Bookmarks für bestimmte Seitenzustände zu setzen.

---

[31] Vgl. o. V. (2006).

[32] Vgl. o. V. (2006).

[33] Vgl. o. V. (2006).

[34] Vgl. o. V. (2006).

[35] Vgl. o. V. (2006).

[36] Vgl. o. V. (2006).

[37] Vgl. o. V. (2006).

3. AJAX Frameworks

Wie in alle Bereichen der Anwendungsentwicklung werden auch für den Einsatz von AJAX in Webapplikationen Funktionsbibliotheken programmiert.[38] Diese sollen die Entwickler in ihrer Arbeit unterstützen. Es werden dabei Funktionen für Standardaufgaben bereitgestellt, die bereits mit den unterschiedlichen Browsern getestet wurden.[39] Hauptbestandteil der Frameworks sind meistens Funktionen, die die fehlerfreie Kommunikation zwischen serverseitigen Skripten und dem im Browser ausgeführten Code sicherstellen.[40] Viele der angebotenen Bibliotheken sind opensource, also kostenlos erhältlich und veränderbar. Die folgenden zwei Beispiele sind ein Auszug aus der Vielfalt der verfügbaren Frameworks.

Sajax

Sajax ist speziell für Einbindung serverseitiger Skripte entwickelt worden.[41] Es werden Sprachen wie zum Beispiel Perl und PHP unterstützt.[42] Das Framework ermöglicht dem Entwickler weiterhin in seiner gewohnten Programmiersprache zu entwickeln und erzeugt dynamisch den JavaScript-Quellcode.[43]

Sarissa

Das Sarissa Framework hat seinen Schwerpunkt in der Verarbeitung von XML-Dateien.[44] Es können auf einzelne Elemente zugegriffen und Strukturen anhand von Stylesheets transformiert werden.[45]

---

[38] Vgl. Bergmann / Bormann (2005), S. 112.

[39] Vgl. Bergmann / Bormann (2005), S. 112.

[40] Vgl. Bergmann / Bormann (2005), S. 112.

[41] Vgl. Bergmann / Bormann (2005), S. 113.

[42] Vgl. Bergmann / Bormann (2005), S. 113.

[43] Vgl. Bergmann / Bormann (2005), S. 113.

[44] Vgl. Bergmann / Bormann (2005), S. 119.

[45] Vgl. Bergmann / Bormann (2005), S. 119.

4. Anwendungsbeispiel

Das folgende Anwendungsbeispiel zeigt, wie man, unter Verwendung des XMLHttpRequest-Objekts, die Werte eines Listenfeldes in einem HTML-Formular dynamisch aktualisiert. Der Auslöser der Anfrage an den Webserver ist eine Benutzeraktion, die durch den Eventhandler onchange in einem weiteren Listenfeld abgefangen wird. Daraufhin wird die Funktion updateItemValue() aufgerufen. Der folgende HTML-Code erzeugt das erforderte Formular. Nach dem HTML-Header folgt ein JavaScript-Aufruf, der die benötigten Funktionen aus der Datei functions.js einbindet. Es folgt ein Formular mit den beiden Listenfeldern.

```
<!DOCTYPE HTML PUBLIC "-//W3C//DTD HTML 4.0 Transitional//EN">
<html>
<head>
<title>Dynamische Liste</title>
</head>
<body style="background-color: #eaeaea;">
<script type ="text/javascript" language="JavaScript"
src="functions.js"></script>
<form method="post" action="show.php">
<table><tr>
     <td>Group:</td>
     <td><select id="group" onchange="updateItemValues()">
          <option selected>Bitte wählen</option>
          <option value="1">Server</option>
          <option value="2">Router</option>
          </select></td>
</tr><tr>
     <td>Item:</td>
     <td><select id="item"></select></td>
</tr></table>
<p><input type="submit" value="Abdsenden" /></p>
</form>
</body>
</html>
```

Die Abbildung 2 zeigt das HTML-Formular nach dem ersten Aufruf über einen Internet-Browser. Das erste Listenfeld ist gefüllt, das zweite ist ohne Werte. Für die Aktualisierung muss der Wert des ersten Feldes geändert werden.

Abbildung 2: Das HTML-Formular bei dem ersten Aufruf
Quelle: Eigene Darstellung.

Die Datei `functions.js` beinhaltet drei JavaScript-Funktionen. Die erste Funktion erzeugt wie in Kapitel 2.3 beschrieben ein Objekt vom Typ XMLHttpRequest. Dieses wird per `return` zurückgegeben.

```
function createXmlHttpRequest() {
var xmlHttp = false;
try {
      xmlHttp = new ActiveXObject("Msxml2.XMLHTTP");
} catch (e) {
      try {
            xmlHttp = new ActiveXObject("Microoft.XMLHTTP");
      } catch (e) {
            xmlHttp = false;
      }
}
if (!xmlHttp && typeof XMLHttpRequest != "undefined") {
      xmlHttp = new XMLHttpRequest();
}
return xmlHttp;
}
```

Die Funktion `updateItemValues()` wird nach der Wertänderung im HTML-Formular durch `onchange`, einem JavaScript-Eventhandler, aufgerufen. Das XMLHttpRequest Objekt wird erzeugt und der aktuelle Wert des Feldes `group` ausgelesen. Danach wird die URL für die Webserveranfrage erstellt. Als Parameter wird der ermittelte Wert des Listenfeldes angehängt. Mit xmlHttp.open wird die Anfrage parametrisiert. Die

Verarbeitungsfunktion wird mit `xmlHttp.onreadystatechange = setItemValues` angegeben. Mit `send()` wird die Transaktion gestartet.

```
function updateItemValues() {
    xmlHttp = createXmlHttpRequest();
    var value = document.getElementById('group').value;
    var url = "update.php?group=" + value;
    xmlHttp.open("GET", url, true);
    xmlHttp.onreadystatechange=setItemValues;
    xmlHttp.send(null);
}
```

Die Funktion `setItemValues()` füllt nach Beendigung der Transaktion das zweite Listenfeld mit Werten. Zuerst wird mit einer if-Abfrage geprüft, ob der Zustand der Abfrage den Wert 4 hat. Dies bedeutet, dass die Transaktion beendet wurde. Danach wird geprüft, ob ein Ergebnis zurückgegeben wurde. Dies geschieht mit einer weiteren if-Abfrage. Trifft dies zu, dann erfolgt die Abarbeitung des weiteren Programmcodes. Der Rückgabewert der Anfrage wird der Variable `response` zugewiesen und mit Hilfe von der Funktion `split()` in ein Array umgewandelt. Mit der ersten for-Schleife werden die aktuellen Werte des Feldes `item` gelöscht. Die zweite for-Schleife füllt das Listenfeld mit den Werten aus Transaktion.

```
function setItemValues() {
if(xmlHttp.readyState == 4) {
    if(xmlHttp.status == 200) {
    var response = xmlHttp.responseText.split('|');
    for(i = 0; i < document.getElementById('item').length; i++) {
        document.getElementById('item').options[i] = null;
    }
    for(i = 0; i < response.length; i++) {
        var option = response[i].split('=');
        var item = new Option(option[0], option[1], false, false);
        document.getElementById('item').options[i] = item;
    }
    }
}
}
```

Die Abbildung 3 zeigt das HTML-Formular nach der Aktualisierung. Der Benutzer hat nun die Möglichkeit einen Wert aus dem zweiten, neugefüllten Listenfeld auszuwählen. Sollte er noch einmal den Wert des ersten Feldes ändern, dann wird erneut die Funktion für die Aktualisierung des zweiten Feldes aufgerufen. Danach kann er das Formular zur weiteren Verarbeitung abschicken.

Abbildung 3: Das HTML-Formular nach der Aktualisierung

Quelle: Eigene Darstellung.

5. Fazit

Mit AJAX wird ein neues Zeitalter der Webentwicklung eingeläutet, auch wenn in der Hausarbeit deutlich wird, dass dafür keine neuen Technologien entwickelt wurden. Die Kombination bereits etablierter Techniken und Standards bietet die Möglichkeit eine neue Generation von Webanwendungen zu entwickeln.

Das vorgestellte Anwendungsbeispiel zeigt, dass die Umsetzung der Theorie in die Praxis ohne große Probleme zu bewerkstelligen ist. Auch die im Internet veröffentlichten Beispiele beweisen, dass ein großes Potenzial in der Entwicklung von dynamischen Applikationen mit AJAX steckt.

Literaturverzeichnis

Bergmann / Bormann (2005)   Bergmann, O., Bormann, C.: AJAX – Frische Ansätze
                               für das Web-Design, TEIA AG, Berlin 2005.

Garret (2005)   Garret, J. J.: Ajax: A New Approach to Web
                               Applications, Adaptive Path, San Francisco 2005,
                               http://www.adaptivepath.com/publications/essays/
                               archives/000385.php.

McLaughlin (2005)   McLaughlin, B.: Mastering Ajax, Part 1: Introduction
                               to Ajax, IBM, o. A. 2005,
                               http://www128.ibm.com/developerworks/java/library/
                               wa-ajaxintro1.html.

McLaughlin (2006)   McLaughlin, B.: Mastering Ajax, Part 2: Make
                               asynchronous requests with Javascript and Ajax, IBM,
                               o. A. 2005,
                               http://www128.ibm.com/developerworks/java/library/
                               wa-ajaxintro2.html.

o. V. (2006)   o. V.: AJAX (Programmierung), Wikimedia
                               Foundation Inc., o. A. 2006,
                               http://de.wikipedia.org/wiki/Ajax_%28Programmierun
                               g%29